AF338388

LA COMMUNE

ET SES DOCTRINES

LA RÉPUBLIQUE ET LES ROYALISTES

LA COMMUNE

ET SES DOCTRINES

LA RÉPUBLIQUE ET LES ROYALISTES

EN 1871

PAR

LE SOLITAIRE DE LEMNOS

PARIS

E. DENTU, LIBRAIRE-ÉDITEUR

PALAIS-ROYAL, 17 ET 19, GALERIE D'ORLÉANS

1871

AVANT-PROPOS

Le bruit des derniers événements dont la France a été le théâtre est arrivé jusqu'à notre retraite. La lecture des journaux a affermi en nous la conviction que dans tous les pays il y a des hommes chez qui l'esprit de parti étouffe la raison, au point de leur faire dire les choses les plus extravagantes. Certaines feuilles qui se publient en ce moment à Paris nous présentent le spectacle de ce délire politique.

La forme républicaine a, de tout temps, été en butte aux attaques les plus injustes ; mais celles que les ennemis de la liberté dirigent aujourd'hui contre la République française sont d'un genre tout nouveau.

C'est en inventant les calomnies les plus noires ; c'est en imputant aux vrais républicains les scélératesses des communistes, qu'ils espèrent dégoûter les honnêtes gens de cette forme de gouvernement.

Peine inutile ; la France est trop éclairée pour se laisser effrayer par les clameurs de ces journalistes intéressés.

Malgré le silence qu'impose la retraite, nous n'avons pas pu résister au désir de résumer, sous forme de discours, les arguments qui nous paraissent réfuter les attaques systématiques dont on cherche à accabler la République naissante.

Si ce travail n'atteint pas le but proposé, ce sera du moins un tribut payé à la liberté.

Le solitaire de Lemnos.

LA COMMUNE

ET SES DOCTRINES

LA RÉPUBLIQUE ET LES ROYALISTES

Le spectacle navrant auquel nous assistons nous fait un devoir de prendre la parole et de vous rappeler, une fois de plus, les opinions que je n'ai cessé de soutenir et de développer à cette tribune.

Le moment paraîtra peut-être mal choisi pour vous entretenir de sujets qui touchent de près aux malheurs dont la capitale vient d'être le théâtre; mais les événements de Paris sont trop évidemment la conséquence des doctrines que je veux combattre pour différer cette discussion. Oui, c'est le cas, ou jamais, de rompre le silence, non pour provoquer les arrêts de la justice contre des scélérats, mais pour flétrir des utopies politiques et socialistes, pour réfuter des sophistes qui ont l'odieuse prétention de confondre la République avec la démagogie.

Prenons-y garde! les partisans du pouvoir absolu veulent se faire de la guerre civile une arme contre le régime libéral de la République ; mais, trop éclairée pour se laisser circonvenir, la France, j'en ai la ferme conviction, ne prendra jamais la licence pour la liberté.

Cependant la mission que nous tenons du peuple, et le caractère dont nous sommes revêtus, nous font un devoir de défendre la cause que nous représentons. Courber la tête sous les attaques systématiques des royalistes; souffrir qu'on nous impute toutes les scélératesses du gouvernement révolutionnaire de Paris, ce serait faire preuve de pusillanimité, ou reconnaître implicitement que la République est coupable de tous ces forfaits. Non, Messieurs, les amis de la liberté ne doivent jamais craindre la lumière de la discussion. L'ombre et le silence sont indignes des républicains.

Il faut, au contraire, exposer nettement notre système politique, lui opposer d'une manière claire et précise les doctrines communistes, et de la contradiction flagrante entre ces systèmes découlera tout naturellement notre justification.

J'exposerai d'abord les théories des partisans de la Commune; je tirerai les conséquences de leurs principes; j'indiquerai ensuite en quoi consiste la vraie République, et je prouverai, en terminant, que la forme républicaine est la seule forme de gouvernement qui puisse répondre aux aspirations de l'esprit français, et guérir les maux de notre malheureuse patrie.

Sans doute, la tâche que nous entreprenons est au-dessus de nos forces; mais votre indulgence soutiendra notre courage. Si donc les formes oratoires, l'élégance du style que le sujet exige font défaut dans ce discours, par contre, vous y trouverez les sentiments honnêtes d'un homme dont l'unique désir est de servir son pays et de mériter l'estime de ses concitoyens.

Les prétendus novateurs du xixe siècle n'ont pas même le mérite de l'invention. Les doctrines socialistes remontent aux temps les plus reculés. Les philosophes de la Grèce ont écrit de longues dissertations pour démontrer l'excellence de ce système gouvernemental. Lycurgue en a fait l'application à Sparte, et Platon en présente l'apologie dans sa république.

Depuis, on a essayé de ressusciter ces théories extravagantes. J.-J. Rousseau, Babœuf, Saint-Simon et Proudhon se sont rendus tristement célèbres par leurs attaques contre la propriété.

Comme en général toutes les théories qui flattent les passions et surtout la paresse trouvent de nombreux partisans, une foule de gens sans aveu, beaucoup de gens sans instruction, se sont faits les sectaires de ces utopies.

Le succès qu'obtinrent dans le public les écrits de ces publicistes encouragea une foule d'écrivains à traiter ces questions économiques et à soutenir des systèmes plus insensés les uns que les autres.

L'égalité absolue des conditions est la base de l'organisation sociale qu'ils proposent. Les hommes, disent-ils, sont tous l'œuvre de la nature, ils ont par conséquent les mêmes droits aux fruits de la terre ; si donc il y en a parmi eux qui profitent moins que les autres, ce mal est le résultat de l'usurpation des plus forts. Or, comme toute loi établie par la force n'oblige personne, il est naturel et raisonnable de se liguer contre la propriété pour la faire disparaître.

Après avoir ainsi raisonné et biffé d'un trait de plume les droits de la propriété, ces utopistes bâtissent avec la même audace et la même logique leur édifice gouvernemental. Ils veulent que l'État devienne le gardien de toutes les terres, répartisse le travail entre tous les citoyens et leur en distribue le produit selon l'activité et la force de chacun. Tout capital aussi doit être versé dans le trésor public pour servir à l'exploitation des industries. Les ateliers, les fabriques, les manufactures travailleront désormais au profit de tout le monde.

D'après cette nouvelle constitution sociale, la simplicité des premiers âges doit renaître, les villages remplaceront les villes pour éviter les grandes agglomérations qui sont considérées comme un dangereux foyer de luxe.

Les maisons pourront être commodes, mais tout ameublement qui rappelle l'élégance et la richesse en est proscrit. Les gardes-frontières sont chargées d'empêcher l'importation de tout produit manufacturé qui n'aurait d'autre objet que de flatter la mollesse et la volupté.

La nourriture aussi est réglementée par ce nouveau code, et les exercices du corps sont ordonnés aux citoyens des deux sexes. Dans la société des communistes le mariage est défendu, parce qu'il est contraire à la loi naturelle ; l'autorité se charge du soin et de l'éducation des enfants jusqu'au moment où ils peuvent travailler.

Considérés comme des occupations frivoles, les arts sont proscrits. Cependant il est permis d'étudier certaines sciences parce qu'elles peuvent rendre quelques services à l'agriculture. Celles, au contraire, qui sont purement spéculatives sont frappées d'anathème. Le service militaire est obligatoire pour tous les citoyens, et les chefs sont élus au scrutin.

Les socialistes n'admettent aucun culte, pas même la religion naturelle, l'homme, le monde et tout ce qui existe étant considéré comme le produit de forces aveugles, ils ne reconnaissent ni devoirs ni obligations morales ; la seule loi qui existe pour eux, c'est la loi du travail. Quiconque produit a droit à l'existence ; ceux qui ne veulent ou ne peuvent s'adonner aux travaux des champs sont condamnés à périr de faim et de misère. Ce sont, disent-ils, des plantes parasites qu'il faut extirper pour laisser place à une végétation plus utile à la société.

Les chefs de ce gouvernement sont issus du suffrage universel. Répartir les tâches, distribuer les produits, veiller au maintien de la Constitution, châtier toute tentative d'insubordination, voilà quel est leur mandat, quel est leur fonction.

A-t-on besoin de faire un grand effort d'intelligence pour s'apercevoir de la dégradation à laquelle ces esprits malades condamnent l'espèce humaine qu'ils prétendent gouverner ? Soumis à un pareil régime, l'homme n'est plus qu'une machine à production. Son activité ne peut et ne doit plus se développer que sous l'empire des appétits et des passions les plus viles.

Son cœur est fermé à l'affection paternelle, à l'amour conjugal, aux sentiments de l'amitié et du devoir. La voix de la conscience, tous les nobles penchants qui distingnent l'homme de la brute sont étouffés par cette odieuse doctrine.

Ainsi les communistes, véritables ennemis du genre humain, voudraient se saisir de l'homme dès le berceau, le façonner d'après leurs fantaisies, anéantir en lui toutes les facultés qui contrárient leurs espérances, fortifier son corps par des exercices, et puis le conduire dans les champs dès qu'ils le verraient capable de résister à la fatigue : « Voilà, lui diraient-« ils, ta vraie destinée ; travaille la terre, tu es fait « pour elle comme elle est faite pour toi. Si tu pro-« duis tu auras de quoi vivre, sinon tu périras de faim. « Tes devoirs se bornent à trois obligations : travailler « la terre, consommer et perpétuer ta race. »

L'application de tels principes suffirait à rendre la condition de l'homme pire que celle du sauvage. En effet, en compensation de l'état d'abaissement dans lequel vivent ces êtres primitifs, ils ont au moins la satisfaction de jouir pleinement d'une sorte d'indépendance brutale; ils peuvent même goûter les douceurs de la vie de famille. Nulle contrainte légale ne leur est imposée, nul obstacle constitué ne vient contrarier leurs désirs.

L'homme du communisme n'a pas même ces jouissances; il est tourmenté par les besoins que la culture sociale a fait naître en lui, sans avoir la permission de les satisfaire. Tous ses mouvements sont gênés, son activité est toujours condamnée à se développer dans le même cercle sans qu'il lui soit permis de le franchir; il étouffe dans cette atmosphère corrompue par les passions les plus dégradantes. En vain cherche-t-il à briser ses chaînes, en vain veut-il revenir sur ses pas, fortement étreint par ses oppresseurs, il est condamné à vivre dans ce milieu abject où il a eu la faiblesse de se précipiter.

La liberté n'existe donc que de nom dans la théorie des communistes ; elle sert d'amorce pour attirer les masses qu'on soumet ensuite à un despotisme révoltant.

L'homme peut-il se croire libre lorsqu'il est contraint de renoncer aux tendances essentielles de sa nature, et de plier servilement sous le joug de lois que la conscience et la raison réprouvent? Lés gens qui espèrent arriver à dominer, à asservir leurs semblables présentent cette doctrine comme la panacée des misères d'ici-bas; mais l'homme éclairé, qui a tout à perdre à ce marché, peut-il renoncer de gaieté de cœur aux avantages de la civilisation? Non, il n'y a que les esprits simples et bornés qui puissent se laisser prendre à ces piéges grossiers.

Quoi qu'il en soit, cette utopie est même impuissante à établir cette égalité dont les socialistes nous vantent les avantages, la nécessité. En effet, les forces physiques n'étant pas réparties d'une manière égale entre les hommes, il arrive nécessairement, d'après le mode même de distribution des produits, que ceux qui travaillent plus que les autres gagnent davantage. Or si, parmi ces citoyens favorisés par la nature, il y en a qui spontanément gardent une partie de leur salaire, il en résultera qu'au bout de quelque temps ceux-ci se trouveront à la tête d'une fortune que les gens de constitution plus délicate ne pourront acquérir. Voilà un résultat absolument contraire aux principes des nouveaux Lycurgues. Si maintenant nous supposions que les produits ne fussent pas répartis dans un rapport proportionnel à la force de chacun, qu'arriverait-il? c'est que, d'un côté, les travailleurs ne seraient pas rétribués d'une manière juste et équitable puisque les personnes faibles recevraient la même ration que les plus robustes, et de l'autre, cette égalité brutale détruisant toute émulation et tout stimulant, anéantirait la production.

Ainsi les communistes, quoi qu'ils fassent, se mettent toujours en contradiction avec eux-mêmes, et ils auront beau chercher des combinaisons nouvelles, ils ne pourront jamais sortir de l'abîme creusé par leurs propres doctrines

Telle est, en peu de mots, la théorie des socialistes. Je pourrais m'étendre sur ce sujet et faire ressortir les mille inconséquences de détails, l'immoralité de tous ces plans de réforme sociale qui ne tiennent aucun compte des lois fondamentales du monde moral et qui, en passant de la théorie à la pratique, viendraient se heurter contre les révoltes du sens commun. Mais le dégoût qu'inspirent tant d'extravagances m'oblige d'abréger cet exposé. D'ailleurs, je crois avoir établi les points les plus importants du système pour passer à l'histoire de la Commune de Paris. Il s'agit de chercher quelles étaient les doctrines politiques des chefs du gouvernement improvisé le 18 mars 1871 dans notre capitale. Il s'agit de savoir en vertu de quel principe ces agitateurs du peuple avaient armé les citoyens les uns contre les autres. Je pourrais dire que les héros de la Commune n'appartenaient à aucun parti, que c'étaient des aventuriers qui cherchaient à s'enrichir des dépouilles des honnêtes gens, et que n'ayant pas réussi dans leur tentative, ils s'en sont vengés en mettant la ville à feu et à sang.

Cette réponse serait simple, péremptoire et ferait tomber toutes les calomnies dont on accable les républicains, en séparant ces misérables communistes de tout parti politique.

Mais je ne veux point employer une fin de non-recevoir.

Grâces à Dieu, nous pouvons faire valoir d'autres arguments en faveur de notre thèse, et c'est un devoir de les exposer.

Vous vous souvenez tous, Messieurs, de la Société qui a été formée il y a quelques années sous le nom de Société internationale. Cette association avait pour but, comme vous devez vous le rappeler, de réunir en un faisceau tous les adeptes du communisme et de propager ses doctrines par l'organe de la presse.

L'Internationale se donnait pour mission apparente de combattre le paupérisme et de remédier à l'insuffisance des salaires, mais en réalité, c'était une coalition formée contre la propriété, le capital, et les institutions sociales des peuples civilisés.

En confondant les nationalités dans une solidarité aveugle, les fondateurs de cette Société voulaient prévenir toute action commune contre eux, et écraser sous le nombre de leurs sectaires tous ceux qui essayeraient de résister à leurs coups.

Pour séduire les âmes simples, ces hommes pervers étalaient aux yeux des travailleurs les perspectives les plus brillantes. « Ouvriers de l'univers, disait une publication du 29 janvier 1870, organisez-« vous si vous voulez cesser de souffrir de l'excès de « fatigue et de privations de toutes sortes. Par l'asso-« ciation internationale des travailleurs, l'ordre, la « science, la justice remplaceront le désordre, l'im-« prévoyance et l'arbitraire. »

Mais à côté de ces hautes promesses les mêmes hommes, pour entraîner à leur suite les nombreux adeptes qui espéraient trouver dans la socialisme le plaisir sans travail et la satisfaction des plus grossiers désirs, ces mêmes hommes annonçaient dans leurs feuilles officielles que l'alliance ouvrière se déclarait athée, qu'elle voulait l'abolition du droit d'hérédité pour que la terre devînt la propriété collective de la société, et qu'enfin le mariage devait être supprimé pour ne laisser aucune trace des institutions religieuses.

Ne ressort-il pas clairement de cette seconde profession de foi que l'Internationale prêchait, sans nulle atténuation, les doctrines socialistes dont nous venons de faire l'exposé, et qu'elle voulait imposer ses théories aux nations en armant les pauvres contre les riches?

Eh bien, Messieurs, les chefs de la Commune appartenaient tous, sans exception, à cette Société. Tous avaient coopéré à sa formation, et leurs noms sont encore inscrits en tête de ses listes.

Le doute n'est donc plus possible sur les principes politiques de ces factieux ; et c'était évidemment au nom du communisme qu'ils s'insurgeaient contre le pouvoir légal.

D'ailleurs, le 18 mars dernier, lorsque notre capitale tomba aux mains de quelques-uns d'entre eux, n'a-t-on pas vu de toutes les parties du monde accourir dans Paris une foule d'étrangers empressés de s'associer au gouvernement de la Commune? Ce désordre cosmopolite de l'administration parisienne ne démontre-t-il pas encore une fois le lien, la solidarité qui unit ces aventuriers à l'Internationale? Du reste, si ces hommes pervers n'avaient pas affiché leur doctrine sanguinaire, ils ont du moins laissé entrevoir leur système. Sous leur règne éphémère, mais encore trop long, toutes les églises ont été profanées et fermées à la dévotion publique. Les injures les plus révoltantes contre la Divinité étaient le thème de leurs journaux. Les biens des absents furent confisqués et les repris de justice mis en liberté. Cette conduite suffit à faire connaître le parti auquel appartenaient ces scélérats. Ainsi la responsabilité de la catastrophe de Paris ne doit retomber que sur cette association internationale formée pour combattre la résistance des honnêtes gens, pour anéantir toute propriété individuelle, et pour réduire les nations en une tribu appauvrie et hébétée par le communisme.

Maintenant, il reste à savoir en quoi consiste le gouvernement de la République. Si, par la définition que nous allons donner de cette forme de gouvernement, nous établissons qu'il n'existe aucun rapport entre le régime socialiste et le régime républicain, notre démonstration sera complète et notre justification ne comportera plus de réplique.

La République telle que nous l'entendons, Messieurs, c'est le gouvernement du peuple par les délégués du peuple. La nation nomme des mandataires, et ces mandataires dirigent les affaires de l'État. La justice, l'ordre et la liberté sont l'objet de toutes ces lois. Créer de sages institutions pour augmenter le bien-être général, encourager le développement de l'activité des citoyens, répandre les connaissances, veiller à l'application rigoureuse des lois, défendre les droits des faibles contre l'injustice des puissants, respecter les croyances religieuses, tel est l'esprit du gouvernement démocratique.

Pour nous, nous ne réclamons d'égalité que devant la loi, et dans la jouissance des droits civils et politiques. Nous n'admettons, en aucune manière, la légitimité d'une égalité des fortunes. Les motifs qui nous font proscrire l'égalité des conditions sont puisés dans les lois mêmes de la nature humaine.

En effet, vous m'accorderez que tous les hommes ne sont ni forts ni intelligents tous au même degré ; or, comme les richesses sont le fruit et la récompense de l'activité, de la capacité, du savoir de ceux qui les possèdent ou de ceux qui les lèguent, il s'ensuit que la fortune est évidemment départie selon la dose d'intelligence, d'habileté qui a été répartie aux hommes. Cela étant, ne serait-il pas absurde de chercher à établir un même niveau pour tout le monde alors que les lois de la nature en ont décidé autrement ?

Du reste, quel avantage résulterait-il pour la société du partage égal de la richesse ? Celui de faire disparaître la misère, me direz-vous peut-être. Mais oubliez-vous que l'anéantissement des capitaux entraîne la ruine totale d'un pays ?

Et d'ailleurs, en supposant, par impossible, qu'il y ait assez de richesse dans une contrée pour procurer de l'aisance à tous les habitants par l'effet du partage, croyez-vous qu'ils seraient plus heureux? Certes non.

En effet, ces hommes, qui n'ont pas besoin de travailler pour se procurer de l'argent, sont obligés par contre de pourvoir isolément à leur nourriture, à leurs habillements, à leur habitation, puisque tous étant riches n'ont pas besoin des services les uns des autres. Or, comme il est démontré par la science qu'un individu ne peut jamais par ses seules forces se procurer tout ce qui est nécessaire à son existence dans l'état de civilisation, il est clair que tous sont condamnés à périr de privations ou à vivre comme des sauvages.

Ainsi l'inégalité des conditions, au lieu d'être un vice de l'organisation sociale, est au contraire un bienfait : c'est le principe de tout bien-être individuel. L'activité ne se développe que sous l'empire des besoins, et les besoins ne sont satisfaits que par les efforts combinés des hommes. De là la répartition légitime du travail, de là les productions les plus merveilleuses de l'intelligence humaine.

Il n'en est pas de même de l'égalité devant la loi, celle-ci est conforme à la raison et à la justice; elle est nécessaire pour la sauvegarde des droits de chacun. Tous les hommes ayant les mêmes droits à l'existence et à la jouissance de tout ce qu'ils possèdent, un attentat quelconque à la vie, à la fortune du prochain est un crime, et tout crime doit être puni quel qu'en soit l'auteur. Le rang et la fortune ne peuvent donc anéantir la responsabilité morale et sociale ; elle est égale pour tous les hommes, parce que le libre arbitre est au même degré chez tous. Voilà comment les républicains entendent l'égalité, et cette doctrine les sépare à jamais des socialistes.

Le régime républicain réclame que l'autorité ne soit pas concentrée dans les mains d'un seul. Nous savons en effet ce qu'il en coûte d'accorder une confiance aveugle à un homme et de croire à la probité et à la bonne foi des chefs. Les destinées de tout un peuple ne peuvent et ne doivent jamais dépendre que du peuple même. Soutenir le contraire serait insensé. En effet, même en admettant qu'un prince pût réunir en lui toutes les qualités de l'esprit et du cœur, serait-il pour cela à l'abri des passions inhérentes à la nature humaine? pourrait-il se soustraire à l'influence de ses parents, de son entourage? enfin le déclareriez-vous infaillible? Non assurément. Eh bien, pourquoi faut-il qu'une nation se fie aux hasards des caprices d'un souverain qui peut conduire sa patrie à la ruine et à la désolation? Il y a donc pour un pays plus de garanties de bonheur dans le gouvernement d'une assemblée de son choix, car les députés s'éclairent mutuellement par la discussion, et les passions des uns sont neutralisées par les passions des autres.

Ainsi, Messieurs, il ressort des faits et des arguments développés que la République est le règne de l'ordre, de la justice et de la liberté, qu'elle a pour base le respect de la propriété, le maintien des bonnes mœurs et l'application rigoureuse des lois.

Je vous demande maintenant, de bonne foi, quelles analogies autoriseraient à confondre la forme républicaine avec le communisme ? Je vous demande en quoi nous ressemblons à ces aventuriers socialistes ? La tolérance, la modération, l'équité, l'amour des arts et des sciences forment les principes de notre système politique ; tandis que la haine de l'autorité, la violence et la tyrannie la plus révoltante ont couronné le triomphe de leurs doctrines. Est-ce, par hasard, parce que nous détestons le pouvoir absolu qu'on veut nous classer parmi les partisans de la Commune et couvrir d'opprobre le nom de républicains ! Cette manière de raisonner serait fort singulière et ne satisferait pas même les juges les plus bornés.

Non, je le répète, la confusion n'est pas possible

et nos ennemis perdront leur temps à continuer leur odieuse tactique.

Napoléon aussi s'était servi de ce moyen pour justifier son despotisme corrupteur ; mais le retour de la République a démontré l'impuissance de toutes ces calomnies.

Nos adversaires ont pour principal argument de leurs diatribes, les manifestations antisociales qui ont eu lieu en France sous les différentes républiques, et ils concluent de ce fait, que le socialisme et le républicanisme ne font qu'un seul et même système. Ce raisonnement ne peut séduire personne, car il pèche contre le bon sens et contre la logique. Une courte réplique en fera ressortir toute l'inanité.

Ces politiques oublient-ils donc, par hasard, que tout changement dans la forme gouvernementale est en France précédée d'une révolution ? et qui dit révolution dit troubles, bouleversements. Or, est-il étonnant de voir des hommes sans aveu chercher à profiter du désordre pour satisfaire leurs convoitises ? Lorsque l'action des lois est paralysée, toutes les passions se déchaînent, et l'impunité permet aux aventuriers de tenter la fortune pour usurper le pouvoir. Eh bien, les socialistes n'ont jamais essayé de mettre en pratique leurs extravagantes théories que dans ces moments de transition tumultueuse. Il n'est donc pas vrai que l'apparition du drapeau rouge dans ce pays soit due à l'avénement de la République. Soutenir le contraire c'est nier l'histoire.

En 93, après la chute de Louis XVI, la Convention se saisit du pouvoir et commit des atrocités de toutes sortes. Peut-on attribuer ces forfaits à la République qui n'existait pas encore? En effet, la Convention c'était la dictature révolutionnaire, et la forme républicaine n'a eté adoptée qu'avec le Directoire.

Plus tard, en 1848, les socialistes recommencèrent leurs tentatives, mais c'était sous le Gouvernement provisoire et avant que la République ne fût définitivement proclamée. Du reste, les hommes qui dirigeaient alors les affaires de la France avaient-ils fraternisé avec les communistes? Non, au contraire, ils ont châtié leurs criminels attentats. Cavaignac, le héros des journées de juin, n'appartenait-il pas au parti républicain? Pourquoi donc alors toutes ces récriminations contre la République? Pourquoi chercher ainsi à discréditer dans l'opinion un système de gouvernement que nos adversaires n'ont pas voulu donner au pays le temps d'essayer?

Je puis dire de la République actuelle ce que j'ai dit de la Révolution de 1848 : c'est encore à nous, républicains, que revient l'honneur d'avoir terrassé le spectre rouge et d'avoir extirpé de la France les partisans du socialisme.

Encore une fois, Messieurs, n'est-il pas inique de nous confondre avec des scélérats, nous qui avons plus d'une fois sauvé de leurs atteintes la société menacée? Les juges qui punissent les crimes sont-ils responsables des actes des coupables? Eh quoi! parce que des aventuriers ont attenté à la propriété pendant une époque d'anarchie, on veut en faire retomber sur nous la responsabilité! mais ignore-t-on que ces actes de brigandage sont très-souvent le résultat de la corruption des gouvernements absolus?

Oui, Messieurs, disons-le hautement, la République a été calomniée; mais malgré la fureur de ses ennemis, elle est restée pure aux yeux des hommes éclairés. Conservons donc une forme de gouvernement qui a su, par l'honnêteté de ses maximes et par les garanties que présente son système, triompher de l'acharnement des partis. Je vous conjure, au nom du pays, de maintenir la République, au moins pendant quelques années, pour en faire l'essai; les intérêts de la patrie exigent que vous lui fassiez le sacrifice de vos opinions. Considérez, Messieurs, que la France a besoin de toute son activité pour réparer les ruines qui la couvrent; considérez que sa perte serait certaine si, par nos querelles politiques, nous détournions les citoyens d'accomplir cet impérieux devoir. Ai-je besoin de vous dire que cinq cent mille Prussiens sont encore aux portes de Paris! Ah! Messieurs! craignez au moins de donner à nos ennemis la satisfaction d'être témoins chez nous de nouveaux malheurs !

Songez que plus du tiers de nos départements a été pillé, saccagé, mis à feu et à sang par les légions allemandes, que le reste du pays est ruiné par les levées en masse et que nous avons à payer une indemnité de plus de cinq milliards !

Le commerce, l'industrie, toutes les branches de la production sont anéantis et la France ne peut plus se survivre.

Plus d'illusion, Messieurs : la patrie est malade et la moindre secousse peut lui être funeste. Il est pénible de faire cet aveu, mais les circonstances sont trop graves pour ne pas sacrifier à l'évidence l'amour-propre national.

Voilà notre situation; maintenant, rendez la vie au pays ou donnez-lui la mort, vous êtes ici les arbitres de ses destinées.

Le maintien de la République ou la conspiration

contre ce gouvernement sont les deux alternatives en présence desquelles vous vous trouvez ; si vous optez pour la première vous agirez en patriotes, car vous ferez cesser nos maux en donnant à la patrie le calme et la sécurité ; si au contraire vous vous décidez pour la seconde, l'histoire vous demandera compte du sang qui sera versé. Croyez-vous que les républicains laisseront les monarchistes renverser sans coup férir la République ? Assurément non. Eh bien, cette lutte qui s'engagera entre les deux partis sera funeste à la France, et la responsabilité, quel qu'en soit le résultat, tombera sur les agresseurs. Pourquoi donc ne pas accepter le fait accompli, d'autant plus que l'avenir du pays est en jeu et qu'il n'y a aucun sacrifice qu'un Français ne doive faire pour le bonheur de sa patrie ?

Je respecte vos opinions politiques, mais il me semble que je n'hésiterais pas un instant à renoncer aux miennes si l'intérêt de la France l'exigeait.

J'entends un de mes honorables collègues me demander pourquoi je ne fais pas ce sacrifice. Je m'attendais à cette objection, et ma réponse est toute prête.

La République est un gouvernement dont la légitimité a été consacrée par les derniers votes du pays. Comme il n'y a pas d'exemple qu'un gouvernement établi ait renoncé au pouvoir pour ne pas repousser l'agression de ses ennemis, il nous est donc impossible de faire le sacrifice que nous demandons à votre patriotisme.

Ainsi, les républicains ne sont pas dans la même situation que les royalistes. Nous avons vu triompher nos doctrines et nous ne demandons que le maintien de l'état de choses, amené par les événements, tandis que les monarchistes devraient employer la force pour détruire ce que les circonstances ont imposé. Si donc nous vous adjurons d'adhérer à la République, c'est pour épargner au pays une guerre civile ; c'est pour ne pas être dans la nécessité de repousser la force par la force. L'agression ne peut venir de notre côté ; elle ne peut venir que du côté des royalistes. Donc, il dépend d'eux de donner à la France la tranquillité qu'elle réclame et qu'elle a droit d'attendre. Il dépend d'eux de fraterniser avec les républicains pour travailler ensemble au bonheur de la patrie.

Le pays attend votre décision. Quant à moi, j'ai trop de confiance dans votre loyauté, dans votre désintéressement et dans la noblesse de votre caractère pour douter un instant du parti que vous allez prendre. Je suis convaincu d'avance que vous n'hésiterez plus à maintenir la forme républicaine. J'en ai la preuve dans la bienveillance avec laquelle vous avez eu la bonté de m'écouter. La République peut donc se fier à votre probité, à votre honneur, et sa confiance ne sera point trahie.

Paris, impr. Paul DUPONT, rue Jean-Jacques-Rousseau, 41.—4156 12. 1